# Het Ontwikkelen van Kracht en Vitaliteit

door

**Sri Mata Amritanandamayi**

Toespraak bij de inauguratie van de
Vivekananda International Foundation
in New Delhi.

Gehouden op 1 december 2009

Mata Amritanandamayi Center, San Ramon
Californië, Verenigde Staten

# Het ontwikkelen van kracht en vitaliteit

Een toespraak door Sri Mata Amritanandamayi Devi
Vertaald door Swami Amritaswarupananda Puri

Uitgegeven door
 Mata Amritanandamayi Center
 P.O. Box 613
 San Ramon, CA 94583
 Verenigde Staten

––– *Cultivating Strength and Vitality (Dutch)* –––

Copyright © 2010 door Mata Amritanandamayi Mission Trust, Amritapuri, Kerala 690546, India Alle rechten voorbehouden. Niets uit deze uitgave mag worden verveelvoudigd, opgeslagen in een geautomatiseerd gegevensbestand, of openbaar gemaakt, in enige vorm of op enige wijze, hetzij elektronisch, mechanisch, door fotokopieën, opnamen, of op enige andere manier, zonder voorafgaande schriftelijke toestemming van de uitgever.

Eerste uitgave door het MA Center: mei 2016

In Nederland:
 www.amma.nl
 info@amma.nl

In België:
 www.vriendenvanamma.be

In India:
 www.amritapuri.org
 inform@amritapuri.org

(vlnr) Sri. Ajit Kumar Doval, directeur van de Vivekananda International Foundation; M.N. Venkatacheliah, voormalige opperrechter van India; Sri Mata Amritanandamayi Devi; P. Parameshwaran, president van de Vivekananda Kendra

# Voorwoord

Deze korte lezing was Amma's inaugurele toespraak voor de opening van het Vivekananda Foundation International Centre in Chanakyapuri, New Delhi op 1 december 2009. Amma's woorden hebben geen voorwoord nodig. Ze zijn eenvoudig, helder en spreken voor zich. De lezing werd gegeven voor een respectabele verzameling intellectuelen en hoge functionarissen in Delhi. De rede is niet lang, maar bevat de essentie van spiritualiteit.

In de toespraak behandelt Amma een grote verscheidenheid aan onderwerpen, waaronder de manier om harmonie tussen religies te creëren, de rol van het onderwijs in de samenleving en het belang van trots zijn op je vaderland en nationaal erfgoed. Haar belangrijkste onderwerp was echter de jeugd, hun behoeften en de rol die de volwassenen moeten spelen om hen hun volle vermogen te laten ontwikkelen.

Ieder onderwerp wordt beknopt behandeld met een inzicht dat doordringt tot de kern van de zaak. En omdat de woorden van zo'n unieke spirituele meester komen, spreekt het vanzelf, dat de toespraak diepgaand, levendig en vol spirituele kracht is.

Toen Amma over de opmerkelijke persoonlijkheid van Swami Vivekananda sprak, zei ze: "*Swami Vivekananda*, de naam alleen al heeft een speciale kracht en bekoorlijkheid. De drager van die naam was zo'n stralend wezen dat enkel door de naam te horen we ons vanzelf wakker en vol energie voelen. Hij was een groot *sannyasi* die de samenleving radicaal veranderde en die transformeerde, een perfecte *jnani*, het toppunt van devotie aan de *guru*, een verheven *karma yogi* en een briljant redenaar." Amma beschreef Vivekananda's visie op spiritualiteit als "een manier van leven in deze wereld, terwijl men met alle soorten mensen omgaat en alle omstandigheden en uitdagingen met moed en kalmte tegemoet treedt."

Amma vertelde prachtige anekdotes en verhalen en legde daarmee uit dat *mahatma's* levende voorbeelden van spirituele waarheden zijn. De geschriften en gezegden uit de geschriften komen alleen tot leven door het leven en het onderricht van een gerealiseerde meester. De *sadguru* (spiritueel meester) is een belichaming van alle goddelijke eigenschappen. Amma zei: "Hun levens zijn het grootste voorbeeld dat de samenleving in zich op kan nemen. Dit handhaaft de harmonie in de samenleving."

Over het belang van het wakker maken van spirituele kracht zei Amma: "Als Gods kracht in ons schijnt, manifesteert die zich als waarheid, voorspoed en schoonheid. Als God zich door het intellect manifesteert, straalt de waarheid helder. Als God zich in activiteit manifesteert, gebeurt dat als goedheid en voorspoed. En als God zich door het hart manifesteert, is schoonheid het resultaat. Als waarheid, voorspoed en schoonheid in ons leven harmoniëren, ontstaat echte kracht."

Amma begrijpt beter dan wie ook hoe belangrijk het is dat de jeugd onderwijs over spirituele zaken krijgt. Amma weet dat de jongere generatie geweldig veel energie bezit. Als die energie in goede banen geleid wordt, kan de jeugd wonderen verrichten. Als zij veranderen, zal de wereld veranderen. Over de hele wereld heb ik duizenden jonge mensen zien veranderen door Amma's aanwezigheid in hun leven. Hun houding en hun kijk op het leven veranderden. Ongetwijfeld brengt dit een positieve verandering in de samenleving tot stand. De jongeren die met Amma in contact komen, worden zich meer bewust van hun *dharma* (plicht) tegenover zichzelf en de samenleving. Ze worden enthousiast om de samenleving, de arme en noodlijdende mensen onbaatzuchtig te helpen en het milieu te beschermen. Maar toen Amma in het algemeen over de situatie van de huidige jeugd sprak, drukte ze bezorgdheid uit. "De fase van het menselijk keven die we 'jeugd' noemen, verdwijnt," zei ze in Delhi. "We gaan van de lindertijd meteen over naar de volwassenheid. De jeugd is de *bindu*, het middelpunt van het leven. Het is de tijd dat we noch kind, noch volwassen zijn. Het is een tijd om in het moment te leven en tegelijk de ideale fase om de geest te trainen. Maar maakt de huidige generatie juist gebruik van deze periode?"

Amma zei dat de jeugd van nu niet tevreden is met alleen maar woorden en informatie. Ze hebben inspirerende voorbeelden en rolmodellen nodig. Hoewel de geschriften van Sanatana Dharma een schat aan immense kennis bevatten, moeten die gepresenteerd worden op een manier die de moderne jeugd kan waarderen. Hiervoor moet de oudere generatie de jongere generatie goed begrijpen en hen met nederigheid en liefde benaderen. Amma zei dat deze benadering een dialoog moet zijn: geduldig naar hen luisteren

## Voorwoord

en de kennis op een volwassen manier en met compassie overbrengen.

Amma zei ook dat we de methoden en taal opnieuw moeten onderzoeken waarmee we interreligieuze discussies houden. Amma drukte haar bezorgdheid uit over de huidige neiging van religieuze leiders om religieuze waarheden te verdraaien zodat ze hun egoïstische doeleinden dienen. Ze zei: "Religie en spiritualiteit zijn sleutels die bedoeld zijn om ons hart te openen en ons in staat te stellen iedereen met compassie te zien. Door ons gebrek aan onderscheidingsvermogen doen de sleutels, die bedoeld zijn om ons hart te openen, het op slot."

Amma wees ook op bepaalde manieren waarop ons modern onderwijs de samenleving misleidt: "De basis van alle positieve verandering is echt onderwijs," zei Amma. Ze omschreef echt onderwijs als de geheime *mantra* om succes in het leven te behalen en als de oplossing voor alle problemen. Amma zei echter: "Ons onderwijs is gereduceerd tot een instrument om materieel succes te behalen."

De wereld van vandaag, en vooral de jongere generatie, gelooft alleen in menselijke inspanning. Dit versterkt alleen het ego. Wat we nu nodig hebben is onzelfzuchtig, meedogend leiderschap. Amma benadrukt altijd de noodzaak van goddelijke genade om succes te behalen, op welk gebied dan ook. Amma gelooft dat het cruciaal is dat de moderne jeugd het belang van genade inziet, die voorbij begrip en logica is. Amma zei: "We moeten de egoïstische opvatting elimineren dat ons leven enkel door menselijke inspanning succesvol zal worden. We moeten buigen. Alleen dan zal de kracht die de kosmos ondersteunt ons binnenstromen."

Amma besloot haar toespraak door het belang van liefde voor je eigen land te benadrukken. Ze prees Swami Vivekananda als een vurig patriot die van India en zijn rijke cultuur hield. "Onze erfenis is onvergelijkbaar," zei Amma. "We moeten het goede uit andere landen overnemen en tegelijk stevig geworteld blijven in liefde voor ons eigen land en onze spirituele cultuur."

M.N. Venkatachaliah, voormalig opperrechter van India en bekend geleerde, overwoog Amma's wijze woorden en zei: "Vandaag hebben we deze dosis *amrita* (ambrosia) van Amma gekregen. Ze heeft ons verteld wat smaak aan het leven geeft. Haar interpretatie van Vivekananda was misschien de meeste inspirerende en accurate. En haar begrip en presentatie was zo opmerkelijk dat ik denk dat sommigen van ons die zwaarmoedig waren, nu voelen dat er iets is wat goed is voor de wereld. Iemand zei ooit: 'Zolang er vogels, bloemen en kinderen zijn, is alles in de wereld in orde.' Maar ik zeg: 'Zolang er vogels, bloemen en kinderen en Mata Amritanandamayi zijn, is alles in de wereld in orde.'"

Sri. Ajit Kumar Doval, de directeur van de Vivekananda International Foundation, noemde Amma 'geïncarneerde spiritualiteit' en zei: "Amma's blijvende liefde voor de mensheid en haar alles doordringende energie zijn in overeenstemming met de grote traditie van onze spirituele leiders, die van tijd tot tijd de mensheid en de bestemming van dit land leidden. Ze gaven een besef van continuïteit aan onze beschaving, de beschaving die het fundament van ons nationalisme, van onze identiteit, van onze natie en zijn mensen vormde."

Swami Amritaswarupananda
Vice-voorzitter
Mata Amritanandamayi Math

Amma geeft haar toespraak in New Delhi bij de Vivekananda International Foundation.

# Het Ontwikkelen van Kracht en Vitaliteit

door

**Sri Mata Amritanandamayi**

Toespraak bij de inauguratie van de
Vivekananda International Foundation
in New Delhi.

Gehouden op 1 december 2009

Amma is blij dat er een instelling in de naam van Swami Vivekananda is opgericht voor harmonie en eenheid tussen de religies en voor het delen van de waarden van Sanatana Dharma[1] met de hele wereld. De naam Swami Vivekananda heeft

---

[1] Letterlijk 'eeuwige wet,' de oorspronkelijke naam voor het hindoeïsme; het wordt als eeuwig gezien omdat de basisprincipes universeel en onafhankelijk van tijd en plaats zijn.

een speciale kracht en bekoorlijkheid. Swami Vivekananda was zo'n stralende persoonlijkheid dat we alleen al door het horen van zijn naam wakker worden en ons gestimuleerd voelen. Hij was a groot sannyasi[2] die de samenleving radicaal veranderde en transformeerde, een perfecte jnani[3], de belichaming van devotie aan de guru[4], een verheven karma yogi[5] en een briljant spreker. Alles bij elkaar was Swami Vivekananda een uiterst zeldzaam individu, een goddelijke bloem die onder de spirituele schittering van Sri Ramakrishna Deva tot bloei kwam en over de hele wereld een prachtige geur verspreidde.

Voor Swami Vivekananda was spiritualiteit geen boetedoening die men met de ogen dicht in een afgelegen bos of grot beoefende. Voor hem was het een manier van leven in deze wereld, terwijl men met allerlei mensen te maken had en alle situaties en moeilijkheden moedig en kalm

---

[2] Iemand die het wereldse leven heeft opgegeven om spirituele bevrijding te verkrijgen.
[3] Letterlijk 'kenner'; iemand die de transcendente waarheid gerealiseerd heeft.
[4] Een spiritueel leraar.
[5] Iemand die alle handelingen als een offer aan God verricht en alle situaties in het leven, zowel de positieve als de negatieve, gelijkmoedig als Gods heilige gift beschouwt.

tegemoet trad. Hij geloofde sterk dat spiritualiteit de basis van het leven is en de bron van kracht en intelligentie.

Compassie en zorg voor je medemensen was de kern van Swami Vivekananda's opvatting over spiritualiteit. Hij verklaarde dat hij niet in een God of religie geloofde die de tranen van de weduwe niet afveegde of een stukje brood in de mond van het weeskind stopte. Door compassie en het dienen van de wereld te benadrukken voegde hij een nieuwe dimensie aan de Indiase *sannyasa*-traditie toe.

Het leven van een *mahatma*[6] is zijn boodschap. Zijn leven is het beste voorbeeld voor de samenleving. Dit handhaaft harmonie in de samenleving. De familierelaties en sociale waarden in India zijn op de eerste plaats levendig gebleven door de invloed en inspiratie van mahatma's. Zij leerden niet alleen uitspraken zoals "Spreek altijd de waarheid. Handel altijd juist."[7] en "Mogen je moeder, vader, leraren en

---

[6] Letterlijk 'grote ziel'. Amma gebruikt het woord met name om diegenen aan te duiden die Zelfrealisatie bereikt hebben.

[7] satyaṁ vada | dharmaṁ cara | Taittiriya Upanishad, 1.11.1

Het ontwikkelen van kracht en vitaliteit

gasten God voor je zijn,"[8] maar leefden die. Waarden werden niet in de samenleving opgenomen door het voorbeeld dat koningen en politieke leiders stelden, maar door het voorbeeld van mahatma's. In feite waren mahatma's degenen die een leidraad en een voorbeeld voor de regeerders vormden. De basis van alle waarden is spiritualiteit. Als we onze waarden verliezen, wordt ons leven als een satelliet die los is gekomen van de aantrekkingskracht van de aarde.

Mahatma's zijn geen gewone individuen. Zij zijn zichtbare vormen van de hoogste waarheid. Ze zijn absoluut zonder egoïsme. Zoals een magneet ijzerdeeltjes aantrekt, trekken mahatma's de hele wereld aan. Alles wat ze doen verandert de maatschappij en de hele wereld, omdat ze zonder egoïsme of gehechtheid handelen.

Een groep jongemannen ging eens naar een sannyasi toe en vroeg: "Wat is sannyasa?" Op dat moment droeg de sannyasi een bundel bezittingen op zijn rug. Hij liet de bundel onmiddellijk vallen en liep door. De jongelui die de betekenis van wat de mahatma deed, niet begrepen, haalden hem in en vroegen opnieuw: "Wat is sannyasa?"

---

[8] *mātṛdevo bhava | pitṛdevo bhava | ācārya-devo bhava | atithi-devo bhava* | Taittiriya Upanishad, 1.11.12

De mahatma antwoordde: "Zag je niet dat ik de bundel liet vallen? Allereerst is sannyasa het loslaten van 'ik' en 'mijn'."

De jongelui die graag meer wilden weten, vroegen: "Wat is de volgende stap als je 'ik' en 'mijn' opgegeven hebt?"

De mahatma liep terug, pakte de bundel op en nam hem weer op zijn rug. Toen liep hij verder. Verward vroegen de jongelui hem: "Wat betekent dit?"

De sannyasi glimlachte en antwoordde: "Zag je niet dat ik de bundel weer opgepakt heb? Nadat je 'ik' en 'mijn' opgegeven hebt, moet je de last van de wereld op je schouders nemen. Je moet het verdriet en de problemen van anderen als van jou zien en van de mensen houden en hen dienen. Dat is echte sannyasa."

Maar deze last zal niet op je drukken, omdat er geen last is waar liefde is. Voor een kind zorgen kan voor een babysitter een moeilijke taak zijn, maar voor de moeder van het kind is het een blije ervaring. Waar liefde is, is geen last.

Dus om de wereld onbaatzuchtig te dienen moet men eerst sterk worden. Swami Vivekananda verklaart dat we alleen door het wakker maken van de innerlijke kracht een echte verandering kunnen ondergaan en blijvende oplossingen voor de problemen in de samenleving kunnen vinden.

Kracht is de belangrijkste eigenschap van een individu of een land. Als we ons realiseren dat de kracht in ons verblijft, wordt de echte innerlijke kracht wakker. *Satyam, shivam, sundaram,* waarheid[9], voorspoed en schoonheid zijn geen eigenschappen van God. Het zijn onze ervaringen, hoe we God waarnemen. Het zijn begrenzingen die onze geest op God projecteert. In werkelijkheid is God voorbij alle eigenschappen, oneindig. Als Gods kracht in ons schijnt, manifesteert die zich als waarheid, voorspoed en schoonheid. Als God zich door het intellect manifesteert, straalt de waarheid. Als God zich in activiteit manifesteert, gebeurt dat als goedheid en voorspoed. En als God zich door het hart manifesteert, is schoonheid het resultaat. Als waarheid, voorspoed en

---

[9] In de context van deze paragraaf betekent *satyaṁ*, waarheid, niet de hoogste waarheid, maar eigenschappen als eerlijkheid, integriteit en oprechtheid. Amma zegt dat de hoogste waarheid van God en ook het individu en het universum voorbij alle eigenschappen zijn; het is zuiver bewustzijn.

*Een toespraak van Sri Mata Amritanandamayi*

schoonheid in ons leven harmoniëren, ontstaat echte kracht.[10]

In India[11] zijn kracht, vitaliteit en energie nodig. Als onze jeugd opstaat en handelt, hebben ze de kracht en dynamiek om een geweldige transformatie in de samenleving tot stand te brengen.

Swami Vivekananda zei: "De jeugdperiode is van onmetelijke en onbeschrijflijke waarde. De jeugd is het meest kostbare deel van het leven. De jeugd is de beste tijd. De manier waarop je deze periode gebruikt, is beslissend voor de jaren die voor je liggen. Je geluk, je succes, je eer en je goede naam hangen allemaal af van de manier waarop je in deze periode leeft. Vergeet dit niet. Deze prachtige periode van je leven is als de zachte, natte klei in de handen van een pottenbakker. Bekwaam geeft de pottenbakker de juiste en correcte vorm die hij wil geven. Je kunt verstandig vormgeven aan je leven, je karakter

---

[10] Bewustzijn verlevendigt de schepping; het is de basis van het universum. Als de geest van voorkeur en afkeer gezuiverd is, drukt de verlichte persoonlijkheid goddelijke eigenschappen als waarheid, goedheid en schoonheid uit.
[11] Omdat Amma haar toespraak in New Delhi gaf, noemde ze hier met name India. Maar deze eigenschappen zijn in alle landen nodig.

je fysieke gezondheid en kracht, in het kort, aan je hele aard op iedere manier die je kiest. En je moet dit nu doen."

Thans is de fase van het menselijk leven die we 'jeugd' noemen, aan het verdwijnen. We gaan van de kindertijd direct over naar de volwassenheid. De jeugd is the *bindu*, het middelpunt van het leven. Het is een tijd dat we geen kind zijn en niet volwassen. Het is een tijd om in het moment te leven en de ideale periode om de geest te trainen. Maar maakt de huidige generatie juist gebruik van deze periode?

Op een keer liep een vrouw door een park en zag een oude man op een bank zitten die in zichzelf glimlachte. De vrouw ging naar hem toe en zei: "U ziet er zo gelukkig uit! Wat is het geheim achter uw lange en gelukkige leven?"

De oude man antwoordde: "Wel, zodra ik opsta, drink ik meteen twee flessen whisky. Dan rook ik een pakje sigaretten. Als middagmaal eet ik gebraden kip en rundvlees, zoveel als ik zin heb. De rest van de dag luister ik naar hard rock en rapmuziek. Tussendoor eet ik de hele dag chips, snoep en ander ongezond voedsel. Daarnaast rook ik gewoonlijk hasjiesj vier of vijf keer per week. En training? Daar denk ik zelfs niet aan!"

De vrouw was geschokt. "Hoe is het mogelijk!" zei ze. "Ik heb nooit gehoord dat iemand met uw levensstijl zo'n hoge leeftijd bereikte. Hoe oud bent u nu?"

"Zesentwintig," antwoordde de man.

Op deze manier verspillen velen hun kostbare jeugd. Wat is de reden hiervan? Als kind worden ze niet voldoende door hun ouders gedisciplineerd. De nadruk ligt helemaal op geld en studie. Deze zijn nodig, maar we moeten onze kinderen ook waarden bijbrengen. Zelfs als iemand een zeer dure auto koopt en er de duurste benzine in bodoet, is er toch altijd een accu nodig om de auto te starten. Zo hebben we ook waarden en deugden nodig om het voertuig van het leven te besturen.

Hoe kunnen jonge mensen spirituele waarden en goede eigenschappen ontwikkelen? Hoe kunnen we hen over de juiste weg leiden? Hoe kunnen we de kracht van de jeugd in goede banen leiden om de groei van de samenleving, het land en de wereld te bevorderen? Om dit te bereiken moeten we de jeugd opvoeden om hun karakter te ontwikkelen en zich als mensen te ontplooien. Om dit te doen moeten we hen eerst goed begrijpen. We moeten naar hun niveau afdalen. Swami Vivekananda benadrukte deze punten.

Er zijn zoveel teksten in Sanatana Dharma die de diepte en omvang van echte spirituele kennis onthullen en de aard van de wereld uitleggen. Maar jongen mensen accepteren deze teksten soms niet in hun oorspronkelijke vorm. We moeten dit onderwijs van de geschriften duidelijk kunnen maken aan de jeugd in een taal die ze begrijpen en in overeenstemming met de tijd. Dit is de verantwoordelijkheid van de oudere generatie. Maar dit onderwijs mag niet alleen intellectueel zijn. Als we spiritualiteit aan de jeugd uitleggen, moeten we ook een beroep doen op het hart. De oudere generatie moet de dialoogvorm[12] gebruiken. Als we jonge mensen benaderen, moeten we niet proberen onze eigen kennis en geleerdheid te tonen. We moeten één met hen worden, hun hart begrijpen en hen in een discussie betrekken. We moeten geduldig en liefdevol naar hun vragen en kritiek luisteren. We moeten hen vol compassie benaderen. Alleen zo'n benadering zal in hen een echte verandering

---

[12] Saṁvāda.

*Een toespraak van Sri Mata Amritanandamayi*

teweegbrengen. Maar bovenal moeten we een voorbeeld geven dat hen zal inspireren.

Wat is het belang van spiritualiteit? Een onwetend iemand die geen doel in het leven heeft, slaapt in alle opzichten. Hij is geen individu, maar een menigte. Zulke mensen kunnen geen beslissingen nemen, omdat ze, net als een mensenmenigte, zoveel tegenstrijdige meningen hebben. Als het ene aspect van de geest iets creëert, wordt het door een ander aspect van de geest vernield. Alle pogingen van zulke mensen lopen op niets uit. Omdat ze geen duidelijk richtingsgevoel hebben, blijven ze in het leven ronddwalen. Het is alsof je een paard aan ieder van de vier zijden van een voertuig bindt en de teugels in de handen van een slapende koetsier legt. Zulke mensen hebben geen kans op vooruitgang. Zo is het leven van mensen die geen spiritueel inzicht hebben. Ze denken: *"Ik bereik mijn doel. Ik bereik mijn doel,"* maar in werkelijkheid zit er geen vooruitgang in hun leven. Uiteindelijk storten ze uitgeput in. Onze aandacht gaat op het ogenblik naar buiten naar ontelbare uiterlijke objecten. We moeten de aandacht een nieuwe richting geven en de oneindige kracht ontdekken die in ons zit. Het is niet voldoende om alleen maar een individu te zijn; we moeten een bewust individu zijn. Dit is het doel van spiritualiteit. Deze kennis moet aan de jeugd doorgegeven worden.

Vandaag de dag geloven veel mensen dat de bekwaamheid om de spirituele waarheden te interpreteren zoals men graag wil, een aanwijzing is voor je capaciteit als spiritueel leraar. Als je dat niet kunt, wordt dit als een zwakheid beschouwd. De spirituele waarheden moeten nooit geïnterpreteerd worden zoals wij graag willen. Ze moeten op zo'n manier overgedragen worden dat ze van nut zijn voor de ontwikkeling van het individu en de samenleving. Daarom moeten degenen aan wie het is toevertrouwd deze kennis door te geven, volwassen zijn, met onderscheidingsvermogen[13] kunnen denken en een groot hart hebben. Alleen dan zullen goedheid en edelheid groeien in hen die de kennis ontvangen.

De jeugd van vandaag is niet met enkel woorden tevreden. De moderne informatietechnologie heeft hun toegang verleend tot zoveel meer kennis dan de vorige generatie. Thans is

---

[13] *Viveka buddhi:* een intellect dat de wijsheid en subtiliteit heeft om niet alleen duidelijk onderscheid te maken tussen *dharma* en *adharma* (juistheid en onjuistheid) maar ook tussen het eeuwige en het tijdelijke.

verbreiding van informatie geen moeilijke taak. Enkel preken houden schept geen dialoog. Het trekt de jeugd niet aan, het trekt niemand aan. Iedere verandering die door zulke preken gecreëerd wordt, is op zijn hoogst vluchtig. We moeten de jeugd uitleggen wat een echte dialoog is. Dit is de verantwoordelijkheid van de oudere generatie. Alle woorden van Swami Vivekananda waren dialogen, omdat ze oprecht waren en voortkwamen uit een perfect begrip van het intellectuele en emotionele niveau van de mensen tot wie hij sprak. Dit is de oorzaak van de kracht achter zijn woorden. Daarom veranderen zijn woorden mensen zelfs nu nog.

Er worden voortdurend discussies gevoerd tussen de leiders van verschillende religies en culturen, maar we moeten opnieuw onderzoeken of de methoden en de taal die in deze discussies gebruikt worden, echt juist zijn. Nu zijn velen van ons in staat om logische en intellectueel bevredigende interpretaties te geven, maar we vergeten om de schoonheid van het hart samen met onze logica over te brengen. Bijeenkomsten mogen niet alleen maar een samenkomst van mensen zijn; het moet een samenkomst van harten zijn.

Er ontstaan problemen wanneer we zeggen: "Alleen mijn religie is goed, die van jou is slecht." Dit is alsof we zeggen: "Mijn moeder is volmaakt, die van jou is een hoer!" Pas wanneer we discussies voeren met het begrip dat iedereen zijn eigen opvatting perfect vindt, kunnen we effectief met anderen communiceren.

Echte religieuze leiders houden van de hele schepping en aanbidden die; ze zien die als een manifestatie van het goddelijke bewustzijn. Ze zien de eenheid achter de verscheidenheid. Maar nu interpreteren veel religieuze leiders de woorden en de ervaringen van de oude zieners en profeten verkeerd om zwakke mensen uit te buiten.

Religie en spiritualiteit zijn sleutels om ons hart te openen en zo iedereen met mededogen te kunnen zien. Maar ons egoïsme heeft ons blind gemaakt en als gevolg hebben we hebben we ons vermogen om met onderscheid te denken verloren en is onze visie verwrongen. Dit creëert alleen maar meer duisternis. Door gebrek aan onderscheidingsvermogen wordt ons hart afgesloten door de sleutels die bedoeld zijn om het te openen.

*Een toespraak van Sri Mata Amritanandamayi*

---

Vier mannen reisden per boot naar een religieuze conferentie. Ze werden door een storm overvallen en moesten op een verlaten eiland schuilen. Het was een bitterkoude nacht. De temperatuur was bijna onder nul. Iedere reiziger had een doosje lucifers en een klein bundeltje brandhout in zijn bagage, maar ieder van hen dacht dat hij de enige met lucifers en brandhout was.

De eerste man dacht: "Te oordelen naar het medaillon om de nek van die man zou ik zeggen dat hij tot een andere religie behoort. Als ik een vuur aansteek, zal hij ook van de warmte profiteren. Waarom zou ik mijn hout gebruiken om hem te verwarmen?"

De tweede man dacht: "Die man komt uit het land dat altijd met ons gevochten heeft. Ik moet er niet aan denken mijn hout te gebruiken om het hem naar de zin te maken!"

De derde man keek naar een van de anderen en dacht: "Ik ken die vent. Hij behoort tot de sekte die altijd problemen in onze religie creëert. Ik ga mijn hout niet voor hem gebruiken!"

De vierde man dacht: "Die kerel heeft een andere huidskleur dan ik. Ik haat het. Het is uitgesloten dat ik mijn hout voor hem ga gebruiken!"

## Het ontwikkelen van kracht en vitaliteit

Uiteindelijk wilde niemand van hen zijn hout gebruiken om de anderen te warmen. Tegen de ochtend waren ze allemaal doodgevroren. Hun doodsoorzaak was niet het koude weer. Ze stierven door de kou in hun hart. We worden als deze mannen. We maken ruzie in naam van religie, kaste, land en huidskleur zonder onze medemensen enige compassie te tonen.

De moderne samenleving is als iemand die aan hoge koorts lijdt. Wanneer de koorts hoger wordt, zegt de patiënt zinloze dingen. Hij kan naar een stoel op de grond wijzen en vragen: "Waarom vliegt die stoel rond?" Hoe kunnen we daarop antwoorden? De meesten van ons leven zo. Het is gemakkelijk iemand die slaapt, wakker te maken, maar het is onmogelijk iemand wakker te maken die doet alsof hij slaapt.

De jeugd wordt niet alleen tot de woorden van Swami Vivekananda aangetrokken omdat hij de taal van de logica en het intellect sprak, maar ook door zijn oprechtheid. Toen hij op het Parlement van Wereldreligies in Chicago in 1893 zijn toespraak begon met de woorden: "Zusters en broeders van Amerika!" barstte de hele zaal in opwinding en vreugde uit. Waarom? Omdat die woorden zo oprecht waren en uit het hart

*Een toespraak van Sri Mata Amritanandamayi*

kwamen. Als er oprechtheid in onze woorden is, zullen ze zeker anderen inspireren en kracht geven. Dit zal hen dan tot onbaatzuchtige activiteit motiveren.

De basis van alle positieve verandering is echt onderwijs. Echt onderwijs is de geheime *mantra* om succes in het leven te verkrijgen. Zulk onderwijs is de oplossing voor alle problemen. Swami Vivekananda zei: "Wat is onderwijs? Is het boekenkennis? Nee. Is het gevarieerde kennis? Zelfs dat niet. De training waardoor de stroom en de uitdrukking van de wil onder controle worden gebracht en vruchten afwerpen, wordt onderwijs genoemd."

Op het ogenblik heeft het moderne onderwijs slechts één doel: werelds succes. 'Succes' is de mantra van onze jeugd geworden. "Welk pad je in het leven ook kiest, je moet slagen!" Dit is het motto van het moderne onderwijs. Ons onderwijs is gereduceerd tot een instrument voor het behalen van materieel succes. Maar is zulk succes blijvend? Zal het onze kinderen helpen liefde en respect van de samenleving te krijgen? Zal het hun de kracht geven om te volharden tijdens beproevingen en problemen in het leven? Het kan hun tijdelijk voordeel geven, maar uiteindelijk zullen ze instorten.

We moeten niet alleen begrijpen hoe leeg, kunstmatig en oppervlakkig dit moderne begrip van succes is, maar we moeten ook de betekenis en het belang van echt succes in al zijn volheid waarderen. Over succes zei Swami Vivekananda: "(Het doel van de jeugd) is *atma-vikasa* (zelfontplooiing). Het is *atma-nirmana* (zelfontwikkeling). Probeer alstublieft te begrijpen wat de term 'succesvol leven' inhoudt. Als je over succes met betrekking tot het leven praat, betekent het niet alleen slagen in alles wat je onderneemt. De essentie van echt succes is wat je van jezelf maakt. Het is de houding tegenover het leven die je ontwikkelt, het is het karakter dat je ontwikkelt en het is de soort persoon die je wordt."

Zij die hun vijanden met zwaarden en kanonnen aanvallen, zijn niet de enige soldaten. Iedereen die ernaar streeft om het doel van het leven te bereiken is op een bepaalde manier een soldaat. Een *kshatriya*[14] is iemand die slag levert. Waar? Op iedere terrein van het leven. Of het nu op het gebied van kunst, politiek, het zakenleven, spiritualiteit of onderwijs is, we moeten op de

---

[14] Iemand die tot de kaste van de strijders behoort

juiste manier een beroep kunnen doen op de eigenschappen *sattva, rajas* en *tamas*[15]. We hebben de mentale gaven en kracht nodig om al onze aandacht op het doel van het leven te richten en vooruit te gaan. Om egoïsme te voorkomen hebben we het licht van goedheid in ons hart nodig. We hebben ook de bekwaamheid nodig om deze goedheid uit te drukken. De motivatie achter al onze handelingen moet de holistische groei van de samenleving en het welzijn van de mensheid zijn. De groei van iedereen houdt ook onze eigen groei in. Dit is echte groei. Om dit inzicht diep in onze geest wortel te laten schieten hebben we onderscheidingsvermogen nodig.

Wat de jeugd van vandaag mist is juist onderscheidingsvermogen. Door alleen maar informatie te verspreiden kunnen we geen onderscheidingsvermogen in anderen teweegbrengen. Men kan slechts onderscheidingsvermogen ontwikkelen nadat men eerst vertrouwen in de kracht achter het universum ontwikkeld heeft,

---

[15] Volgens de hindoegeschriften zijn er in het universum drie basis materialen, waaronder ook de menselijk geest valt: *sattva, rajas* en *tamas*. In deze context vertegenwoordigen ze respectievelijk de kracht van instandhouding, schepping en vernietiging.

de kracht voorbij onze geest en ons intellect. We moeten de egoïstische opvatting elimineren dat ons leven alleen door menselijke inspanning succesrijk wordt. We moeten buigen. Pas dan zal de kracht die de kosmos ondersteunt, in ons stromen.

Als we een gitaarspeler of een zanger vragen waar zijn muziek vandaan komt, antwoordt hij waarschijnlijk: "Uit mijn hart." Maar als we zijn hart operatief openen, vinden we daar dan muziek? Als hij zegt dat de muziek uit zijn vingers of zijn keel komt, zouden we dan muziek vinden als we daar zouden zoeken? Waar komt de muziek dan vandaan? Het komt van een plaats voorbij het lichaam en de geest. Deze plaats is het gebied van zuiver bewustzijn, God. De jongere generatie moet ernaar streven deze kracht te begrijpen en te respecteren. Het moderne onderwijs hecht geen belang aan het ontwikkelen van dit soort begrip. We moeten de jeugd bewust maken van het belang van liefde, onbaatzuchtig dienen, nederigheid en van de noodzaak iets terug te geven aan de samenleving voor zijn bijdrage aan hun succes. Of men nu gezinshoofd, topmanager of politiek leider is, het eerste wat we moeten kennen is onszelf. Dit is echte kracht.

We moeten onze eigen fouten, tekortkomingen en beperkingen kennen en accepteren, en dan proberen die te overwinnen. Dan wordt er een echte leider geboren.

Ware leiders zijn zij die anderen met zelfvertrouwen, oprechtheid en vol bewustzijn over het pad van *dharma*[16] kunnen leiden. De jeugd van vandaag zijn de leiders van morgen. Daarom moeten zij de bron van ware kracht begrijpen. Alleen wanneer ze een goed hart ontwikkelen en zonder verwachtingen kunnen handelen, zullen ze het hart van anderen aantrekken en beïnvloeden.

Meditatie en spiritualiteit zijn onscheidbare aspecten van het leven. Een beschouwende instelling en spiritueel denken zijn essentieel als we helderheid en subtiliteit in onze gedachten en ons handelen willen. Spiritualiteit en het leven als gescheiden zien is louter onwetendheid. Zoals voedsel en slaap nodig zijn voor het lichaam, is spiritueel denken nodig voor een gezonde geest Maar hoe zien we spiritualiteit en meditatie vandaag de dag?

---

[16] Een gedragscode die de harmonie in de wereld, de samenleving en het individu in aanmerking neemt.

## Het ontwikkelen van kracht en vitaliteit

Twee vrienden ontmoetten elkaar op straat. De eerste vroeg de ander hoe het met hem ging.

"Goed, dank je," zei de tweede man.

De eerste vroeg toen: "Hoe gaat het met je zoon? Heeft hij al werk gekregen?"

"Nog niet, maar hij is met meditatie begonnen."

"Meditatie? Wat is dat?"

De tweede man antwoordde: "Ik weet het niet precies, maar ik heb gehoord dat het beter is dan niets doen."

Op deze manier denken veel mensen dat spiritualiteit voor mensen is die niets beters te doen hebben.

Spiritualiteit is de kern van de Indiase cultuur. Als we onze cultuur goed in ons opnemen, zullen we zien dat het oplossingen bevat voor al onze problemen, zowel voor individuen als voor de samenleving. Daarom spoorde Swami Vivekananda de jeugd voortdurend aan om een diepe band met hun land en zijn cultuur te ontwikkelen. Tegelijkertijd moeten zij een onafhankelijk intellect en een open geest ontwikkelen. Ze moeten de moed hebben om het goede te accepteren en het slechte te verwerpen, overal waar ze het vinden. Omdat Swami Vivekananda deze eigenschappen had, kon hij trots zijn op zijn Indiase erfgoed en tegelijkertijd de westerse eigenschappen van vooruitstrevend denken en dynamische activiteit in zich ontwikkelen.

Vedanta is de basis van de alomvattende visie van India met betrekking tot religie. Het ziet alle religies als verschillende wegen naar hetzelfde doel. Swami Vivekananda voorspelde dat de waarheden van Vedanta overeind zullen blijven, alle uitdagingen zullen overwinnen en uiteindelijk een universele wereldvisie zullen worden, hoe ver de moderne wetenschap zich ook ontwikkelt.

Verscheidenheid is de aard van Gods schepping. Dit universum is te ingewikkeld om door een enkele religie of filosofie verklaard te worden. Als we vrede, tevredenheid en vooruitgang willen, moeten we ons best doen om de wereld het pad van de harmonieuze integratie te laten begrijpen. Deze harmonieuze integratie is het wezen van het allesomvattende Sanatana Dharma.[17]

Amma ziet de hele wereld als een bloem. Ieder bloemblaadje vertegenwoordigt een land. Als één bloemblaadje door ongedierte wordt aangetast, zal het ook de andere bloemblaadjes

---

[17] Door zijn ruime visie bevat Sanatana Dharma veel verschillende visies op het universum in zijn flexibele kader.

beïnvloeden. De schoonheid van de hele bloem lijdt eronder. Het is de verantwoordelijkheid van ieder van ons om deze bloem te beschermen en te voeden. Daarom moeten alle landen samen vooruitgaan, hand in hand, waarbij men de waardevolle bijdragen en voorbeelden van elkaar deelt en overneemt. Als Amma dit zegt, komt er een beeld van de wegen in het westen in haar op. Als Amma in het buitenland reist en de verharde wegen, netheid, discipline en orde daar ziet, wenst ze dat het in India ook zo was. Als onze wegen beter zouden zijn, konden ontelbare ongelukken voorkomen worden. Als wij dezelfde normen voor netheid zouden hebben, zou preventie van epidemieën en andere ziekten veel gemakkelijker zijn. Als wij hetzelfde werkethos zouden hebben, zou de groei en ontwikkeling van India veel sneller zijn. Op dezelfde manier kunnen de westerse landen de waardevolle bijdragen van India overnemen, met name zijn spirituele wijsheid.

Er is één ding dat iedere Indiase burger nooit mag vergeten: onze erfenis is onvergelijkbaar. Wat licht werpt op het heden zijn de indrukken die we gecreëerd hebben door onze gedachten en handelingen in het verleden. We moeten het goede van andere landen overnemen terwijl we stevig geworteld blijven in liefde voor ons eigen land en zijn spirituele cultuur. Toen Sri Rama[18] op weg naar het bos de grens van zijn koninkrijk Ayodhya bereikte, pakte hij een handvol aarde op en zei: "De moeder die ons het leven schonk, en ons moederland zijn zelfs groter dan de hemel."

Men zegt dat Swami Vivekananda toen hij na zijn eerste tournee door de Verenigde Staten in Chennai aankwam, in het zand rolde en in tranen verklaarde: "Zelfs nadat ik zoveel landen bezocht heb, heb ik nooit een moeder als de mijne gevonden." Als hij in een vijfsterrenhotel verbleef, ging hij op de kale vloer liggen in plaats van in het luxe bed te slapen. Hij vergoot tranen als hij aan de arme en hongerlijdende mensen in India dacht. Zulke liefde en respect voor ons land en cultuur moet voor ons allemaal een voorbeeld zijn, vooral voor de jeugd. We mogen niet vergeten: "De rijstegruwel van ons eigen moeder smaakt beter dan de zoete pudding van onze stiefmoeder."[19]

---

[18] In het Indiase epos de *Rāmāyaṇa* word Rama, een incarnatie van God, voor veertien jaar uit zijn koninkrijk verbannen.

[19] De betekenis is dat de traditionele culturele waarden van je eigen vaderland beter voeden en meer voldoening

In een tijd dat materialisme en de nadruk op vermaak aan de schat van de Indiase cultuur knaagden, kwam Swami Vivekananda met een pot *amritam*[20] die hij uit de *rishi parampara*[21] gehaald had. Daarom kon Vivekananda in korte tijd zoveel bereiken, zowel in India als in de hele wereld. Zijn woorden geven de mensheid de kracht en het zelfvertrouwen om obstakels zo groot als de Himalaya's tegemoet te treden, om rivieren van tranen over te zwemmen en woestijnen van ontberingen te doorkruisen. Hij accepteerde verdriet en lijden als de grootste leraren. Zijn leven werd een *dipa stambam* (groot heilig licht) van optimisme voor mensen die in wanhoop verdronken. Voor zijn geboorte betekende sannyasa onthechting[22] van de problemen van

---

geven dan de luxe en genoegens die je in het buitenland krijgt.

[20] In de Indiase legenden streden de halfgoden en de duivels om *amṛtaṁ*, een ambrozijnen nectar die onsterfelijkheid geeft. Hier gebruikt Amma het woord om het spiritueel onderwijs van India aan te duiden, dat tot Zelfrealisatie en tot een harmonieuze en welvarende samenleving leidt.

[21] De lijn van wijzen waardoor de Indiase spirituele wijsheid sinds mensenheugenis is doorgegeven.

[22] *Vairāgya*.

de wereld. Swami Vivekananda voegde aan die intense onthechting een gerichtheid op dienen toe die gebaseerd was op de zoetheid van liefde en de geur van aanbidding.

Alvorens te besluiten wil Amma nog wat ideeën met haar kinderen delen:

1. Het is niet verkeerd dat iedereen gelooft dat zijn geloof juist is, maar we moeten anderen ook de vrijheid geven tot hun geloof. Als we onze religieuze overtuigingen aan anderen opdringen, worden religies, die uit liefde geboren zijn, de oorzaak van bloedvergieten. We moeten niet toelaten dat religies die als vredeslied bedoeld waren, disharmonie en geweld creëren.

2. Voor het Britse onderwijssysteem was het onderwijs in India gebaseerd op de *gurukula*[23] traditie. In die tijd was onderwijs niet alleen een verstandelijke overdracht van wereldse kennis, maar ook een overdracht van hart tot hart van spirituele cultuur. Kennis en bewustzijn van dharma zijn de twee zijden van de munt van het onderwijs. Vanaf de geboorte reciteerden de ouders de naam van God in de oren van hun kinderen. Zo groeiden de kinderen op terwijl ze Gods

---

[23] Letterlijk 'de guru's familie.'

naam herhaalden. Later stuurden hun ouders hen naar een gurukula, waar ze het leven van een *brahmachari*[24] leidden en van hun guru alle geschriften[25] leerden. Ze leerden wat het leven is, hoe te leven en hoe op de wereld te reageren. Als gevolg hiervan groeiden kinderen op tot volwassenen die met onderscheid konden denken. Ze hadden een leeuwenhart en waren bereid om hun hele leven aan de zaak van de waarheid te wijden. Dit werd hun als onderdeel van hun opvoeding ingegoten. De moderne samenleving moet dit opnieuw tot leven brengen door een onderwijssysteem te creëren dat op waarden en spiritueel bewustzijn gebaseerd is.

3. Een instituut van sannyasi's dat de samenleving dient was een idee van Buddha. Swami Vivekananda nam dat idee over in overeenstemming met de behoefte van zijn tijd. Honderd jaar geleden verklaarde hij dat *daridra narayana puja*, het aanbidden van God in de vorm van de armen, de behoefte van de tijd was. Dit gaat nu

---

[24] Een student, het eerste van de vier stadia in het traditionele hindoeleven.
[25] In de *gurukulas*, leerden de kinderen zowel *parāvidya* als *aparāvidya*, spirituele wijsheid en materiële wetenschappen. Beide worden als *śāstras*, geschriften, beschouwd.

nog steeds op. Toen de pest zich door Kolkata verspreidde, diende hij de zieken met dezelfde devotie waarmee hij zijn guru gediend had, die hij als een *avatara* (incarnatie van God) zag. Hij was zelfs bereid Belur Math[26] te verkopen, als het nodig was. De waarheid dat alles wat we in de schepping zien, de Schepper zelf is, was geen zuiver intellectuele kennis voor Swami Vivekananda. Het was een continue stroom van energie die zijn hart beroerde en zijn handen zonder te rusten lieten dienen.

4. De vingerafdrukken, het gezicht en de ogen van iedereen zijn uniek. Alles wat met dezelfde gietvorm gemaakt is, of het nu een naald, een schoen of een pop is, is identiek. Maar in Gods schepping zijn geen twee grassprietjes, geen twee bloemblaadjes hetzelfde. Hoe zit het dan bij mensen? God heeft iedere persoon naar de aarde gestuurd met een speciale verborgen bekwaamheid. Het leven van ieder van ons heeft een doel dat alleen wij kunnen vervullen. Het ontdekken van die speciale kracht in ons is het doel van

---

[26] Belur Math, in de buurt van Kolkata, is het hoofdkwartier van de ashram die door Swami Vivekananda en de andere directe leerlingen van Sri Ramakrishna Paramahamsa begonnen is.

ons leven. Dan wordt het leven zinvol, met een blij gevoel van eenheid. Echt onderwijs helpt ons hierin te slagen. Swami Vivekananda zei duidelijk dat we onderwijs nodig hebben waardoor we niet alleen ons intellect ontwikkelen, maar ook ons hart. Een samenleving waarin iedereen identiek was, zou mechanisch en dood zijn. De schoonheid van het leven ligt in het delen van diversiteit.

5. Er schuilt oneindige kracht in ieder van ons. Nu realiseert 90 procent van de mensen zich dat niet. We worden in verdriet geboren, groeien op in verdriet en sterven in verdriet. We hebben de leiding van een gerealiseerde guru nodig om de door God gegeven talenten, waarvan we ons op het moment helemaal niet bewust zijn, in ons te ontdekken. Dat iemand als Swami Vivekananda voortkwam uit de eenheid van Sri Ramakrishna en Narendra[27] is alleen aan de glorie van de guru te danken.

6. We moeten onze kinderen fundamentele religieuze principes en waarden leren als onderdeel van hun opvoeding. Tegelijkertijd is het zeer belangrijk dat we hen bewust maken van

---

[27] De naam van Swami Vivekananda voordat hij *sannyasi* werd.

de bevrijdende eigenschappen van alle religies, zonder belang te hechten aan hun verschillen. Dit is de enige manier om wederzijdse liefde en respect in de moderne samenleving te bewaren, waar religieuze diversiteit steeds meer werkelijkheid wordt. Verder moeten de waarden die we in ons onderwijs meegeven, hoop en optimisme bijbrengen wanneer de kinderen in hun leven geconfronteerd worden met de huidige moeilijkheden. Swami Vivekananda's universele visie en krachtige woorden maken zijn geschriften en toespraken tot het perfecte onderwijsmateriaal voor schoolkinderen.

7. De vloek die op onze samenleving ligt, is onwetendheid over onze tradities en de fundamentele spirituele principes. Dit moet veranderen. Amma heeft zoveel landen over de hele wereld bezocht en daar persoonlijk zoveel mensen ontmoet. Ze zijn allemaal, inclusief de oorspronkelijke bewoners van Australië, Afrika en Amerika, trots op hun erfenis en tradities. Maar hier in India hebben velen onder ons geen begrip en geen trots. Sommigen van ons maken onze cultuur zelfs belachelijk. Alleen als we eerst een sterke fundering leggen, kunnen we een hoog gebouw oprichten. Op dezelfde manier kunnen wij alleen

een stralend heden en stralende toekomst creëren als we kennis hebben en trots zijn op onze voorvaders en ons erfdeel. Eerst moeten we de juiste omgeving creëren. Dit vereist dat we speciale aandacht besteden aan de hongerlijdende en ongeletterde mensen. Daarvoor moeten we de maatschappij ingaan en handelen. Swami Vivekananda benadrukte ook het belang van onderwijs voor vrouwen en hen de juiste plaats in de samenleving in laten nemen. Kort gezegd, we moeten erop voorbereid zijn om onze houding aan de veranderende tijden aan te passen, een geest ontwikkelen die bereid is te handelen en dan vooruitgaan over de weg die Swami Vivekananda ons aanbiedt.

Moge dit instituut het leven en de boodschap van Swami Vivekananda over de hele wereld verspreiden en het actieplan dat hij begonnen is, uitvoeren. Amma bidt dat dit instituut een zegen voor de hele wereld wordt en dat alle inspanningen van Amma's kinderen vrucht zullen dragen.

*||oṁ lokāḥ samasthāḥ sukhino bhavantu||*

**Mogen alle wezens in alle werelden gelukkig zijn.**

www.ingramcontent.com/pod-product-compliance
Lightning Source LLC
Chambersburg PA
CBHW070041070426
42449CB00012BA/3133